自分でできる
カラーセラピー
ワークブック

「こころパレット」で、本当のワタシが見える！人生を彩る！

カラーセラピスト
高澤優喜子

BAB JAPAN

はじめに

　本書は、絵を描くことが苦手な人でも、アートセラピー感覚で楽しくカラーセラピーが体験できるワークブックになっています。あなたの夢を叶えるラッキーカラーもわかります！
　カラーセラピーは誰でも気軽に取り組めることから、福祉や教育、企業研修の場でも活用されています。セラピーを学ぶことで、自己理解や他者理解ができるようになるからです。

　世の中には「色」が溢れていますが、あなたは色から受ける影響や色からのメッセージについて考えたことはありますか？　色にはさまざまなパワーや心とのつながりがあると考えられています。
　本書では、カラーセラピーに必要な色の基礎知識や簡単な分析方法に加え、ワークが体験できる内容になっています。ワークを通して、あなたが本当に求めているものを見つけていきましょう！
　色にはよい色やわるい色はありません。使いたい色、気になる色、嫌いな色には特別なメッセージがあります。色からのメッセージを読み解いて、あなたの本当の気持ちを理解してみませんか？

　従来のカラーセラピー本とは異なり、事例だけではなく、色の一般的な意味、あなたの心に合った分析ができるオリジナルの「私の色事典」や「こころパレット」を作成します。
　プロのカラーセラピストでも難しいとされる分析も、「こころパレット」を使うことで簡単にセルフセラピーができるようになります。
　あなたを元気にする原動力は何でしょうか？
　あなたにはどんなパワーがあるのでしょうか？
　知らなかった本当のあなたをカラーセラピーで見つけてみましょう！

　カラーセラピーで自分をもっと知りたい方、癒されたい方はもちろんですが、プロのカラーセラピスト、カウンセラーを目指す方にもおすすめです。
　セラピスト、カウンセラーを目指す方は、技術を修得する前にもっとも重要なことを確認する必要があります。それは、自分自身をどれだけ理解し、どれだけ受け入れているかです。
　他者理解の前に自己理解が必要です。
　他人を癒す前に、まずは自分を癒してあげましょう！

CONTENTS

第1章 自分の「気持ち」を知る ……… ❻

1 心と気持ち ❼
簡単 WORK 1　あなたの心のイメージを下のスペースに表現しましょう！ … ❼
簡単 WORK 2　あなたの心のタイプを確認しましょう！ … ❾

2 日本は「気持ち」重視 ❿

3 本当の自分に出会うには？ ⓫

4 自分らしさを見つけよう！ ⓬
簡単 WORK 3　あなたの自己受容の程度を知る「文章完成法」… ⓭

第2章 カラーセラピー入門 ……… ⓮

1 カラーセラピーとは？ ⓯
カラーセラピーの種類 ……… 16
ボトル系 … 16
アート系 … 17
カード（チップ系）… 17
カラーセラピーの読み解き方法 ……… 18

2 色とは何か？ ⓴
色相環 ……… 21
簡単 WORK 4　色相環を作りましょう！ … ㉑
明度 ……… 22
簡単 WORK 5　塗ってみましょう！ … ㉒
彩度 ……… 22
簡単 WORK 6　塗ってみましょう！ … ㉒
有彩色と無彩色 ……… 23
補色 ……… 23
簡単 WORK 7　30秒間リンゴを見て、右側の黒い点に視線を移してみましょう！ … ㉓

CONTENTS

色とイメージ ……………………………………………………………………………… 24
　簡単 WORK 8　　暖かさを感じる色を塗ってみましょう！… ㉔
　　　　　　　　　寒さを感じる色を塗ってみましょう！… ㉔
　　　　　　　　　暖かさも寒さも感じない色を塗ってみましょう！… ㉔
重さを感じる色 …………………………………………………………………………… 25
　簡単 WORK 9　　どちらかの箱だけ黒く塗ってみましょう！… ㉕
膨張色と収縮色 …………………………………………………………………………… 25
　簡単 WORK 10　右側のハートを黒く塗ってみましょう！… ㉕
　簡単 WORK 11　言葉に合った色を塗りましょう！… ㉖
　　　　　　　　　季節の色を塗りましょう！… ㉖
　　　　　　　　　リラックスできる色を塗りましょう … ㉖
　　　　　　　　　元気が出る色を塗りましょう！… ㉖
　簡単 WORK 12　色相環の色にあなたオリジナルの名前をつけてみましょう！… ㉗
色の生理的効果と心理的効果 …………………………………………………………… 28

3　あなたのラッキーカラーを見つけよう！　㉙

　簡単 WORK 13　下の妖精たちの中から、将来ビジネスで
　　　　　　　　　成功すると思う色の妖精を探して、その理由を書きましょう！… ㉙
願望を叶える！ …………………………………………………………………………… 30
　簡単 WORK 14　「○○になれる(ができる)ものは？」の○○の中に言葉を入れましょう！… ㉚
ラッキーカラーを使って就職の内定を決めた学生 …………………………………… 31

第3章　「こころパレット」で自己探求 ……… ㉜

1　色からのメッセージ　㉝

色の連想 …………………………………………………………………………………… 34
　簡単 WORK 15　黄色から連想できるものを10個、考えてみましょう！… ㉞
　簡単 WORK 16　黄色を形にしてみましょう！… ㉟
　簡単 WORK 17　図形に色を塗ってから、(　)の中に色を記入しましょう！… ㉟
色と形の組み合わせ一覧 ………………………………………………………………… 36
　簡単 WORK 18　お金を色で表わすと何色になりますか？… ㊲
　簡単 WORK 19　貯金、または資産を色で表わすと何色になりますか？… ㊲
ラッキーカラーをもう一度探しましょう！ …………………………………………… 38
　簡単 WORK 20　あなたが自分らしく生きていくために必要な人生の扉はどれですか？… ㊳
30歳の女性（会社員）の事例 …………………………………………………………… 39
色から連想する一般的な意味 …………………………………………………………… 40

2 「こころパレット」を作ろう！ ㊶

色と言葉の関係 …… 41
セルフセラピーもできる！ …… 41

実践 WORK 1　「ポジティブパレット」… ㊷
実践 WORK 2　「ネガティブパレット」… ㊹
実践 WORK 3　「ビジネスパレット」… ㊻
実践 WORK 4　「対人関係パレット」… ㊽
実践 WORK 5　「仲良しグループ」… ㊿
実践 WORK 6　カラーセラピーで相性チェックをしましょう！ … (51)
結果について … (52)

3 「こころパレット」で簡単セルフセラピー (53)

「こころパレット」を分析しましょう！ …… 53

実践 WORK 7　「幸せのページ」… (54)
実践 WORK 8　「喜びのページ」… (55)
実践 WORK 9　「元気のページ」… (56)
実践 WORK 10　「悲しみのページ」… (57)
実践 WORK 11　「怒りのページ」… (58)
実践 WORK 12　「恐れのページ」… (59)
実践 WORK 13　「気になる言葉のページ」… (60)

実践
WORK
1
実践 WORK
やってみて
ください。

4 「こころパレット」の分析例 (61)

8 人の事例 …… 61

第 4 章　こころが元気になるワーク …… (62)

実践 WORK 14　自己理解ワーク「私の色事典」… (63)
実践 WORK 15　自己理解ワーク「身体を感じる」… (65)
実践 WORK 16　未来を変えるワーク「どんな自分になりたいか」… (68)
実践 WORK 17　あなたの望みを知るワーク「七色クジラの冒険」… (69)
七色クジラの分析 … (74)

付録 WORK　こころパレット（体験版）… (76)

第1章
自分の「気持ち」を知る

日本人は、他者の気持ちを慮る国といわれます。
日本におけるコミュニケーションは、相手の気持ちを第一としているのです。

こうした気持ち重視は、絵本の世界でも見られます。
日本人が描いた作品は気持ちの描写が多く、小さなころから、相手の気持ちを考えさせるようなしつけが行なわれてきているといえます。

この章では、相手の気持ちも大切ですが、自分の気持ちも大切であることを考えてみましょう。

第1章　自分の「気持ち」を知る

1　心と気持ち

　私たちは「心」と「気持ち」という言葉を何気なく使っていますが、心や気持ちについて深く考えたことはあるでしょうか？

　心は体のどこにあって、どんな機能があるのでしょうか？　心と気持ちを一緒にしていませんか？　ちょっと心と気持ちの関係について整理してみましょう。

　心と気持ちは、形があるものではありません。だから、簡単に見ることも見せることも難しいものです。けれども、心も気持ちも感じることはできます。

　あなたの心はどのような感じですか？　少し想像してみてください。

　あなたの心のイメージを色えんぴつやクレヨンなどの画材を使って、何でもいいので自由に、好きなように表現してみましょう！

 あなたの心のイメージを下のスペースに表現しましょう！

心を想像する作業はいかがでしたか？　きっと難しいと感じたと思います。
　「心」という言葉を辞書で調べてみると、「知識や感情や意欲の働きの元になるもの」とありました。
　心は、私たちが考えたり、行動していくときの原動力になるようです。
　心の働きがよくないと否定的なことを考えたり、行動できなくなることもありそうです。心は気持ちとどのような関係があるのでしょうか？　気持ちとは何でしょうか？　同じく辞書の解説では、「物事に接したときに心にいだく感情や考え方、心の状態や気分」とありました。

　私の場合、心と気持ちを図にして見ると下記のような感じになりました。
　あなたが描いたものと見比べてください。同じようなイメージでしたか？

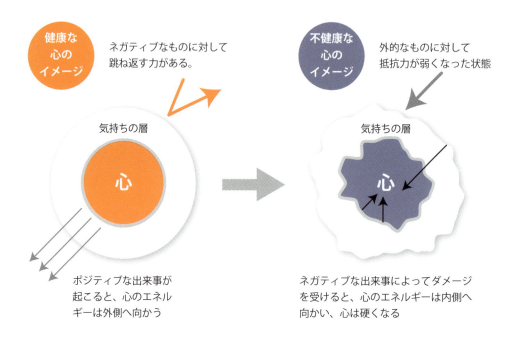

　心の周りは、気持ちの層で覆われているように感じます。そして、心と気持ちは、体全体を光で包み込むように広がっていると思います。心は常に刺激を受けながら動いているのです。
　元気な心はネガティブな刺激を跳ね返す弾力があり、ポジティブな出来事が起これば、心のエネルギーは外側へ向かい、心は大きくなります。
　不健康な心は、ネガティブな刺激の影響を受けると心のエネルギーが心を守ろうとして、小さく硬い状態になると考えられます。よい気持ちで過ごしていれば、心もよい状態になります。

　自分がどんな気持ちでいるのか、わからなくなった心はどうなるのでしょうか？　そういうときは、心の活動が停止してしまい、自分が考えたり、行動したりするエネルギーを作り出すこ

とができない状態になってしまうと考えられます。そして、他者に頼ってしまったりします。他者に依存すると、他者に振り回されることもあります。

また、何も感じられない状態になったときは、感情の平板化が起きているときです。

見えない心を理解していくには、自分の気持ちをカラーセラピーワークを通して、理解してあげることが必要です。

色を利用して、少しずつ気持ちを理解し、心を元気にしていきましょう！

あなたの心のタイプを確認しましょう！

- A4サイズの白紙を1枚と、鉛筆などの筆記用具を用意しましょう。
- 紙に枠を描いてください。
- ふたり以上で行なう場合、枠を描き終えたら、あなたの描いたものと隣の人のものとを交換します。そして、隣の人の紙を使って描きます。

  ※ひとりの場合は、ふたり以上で行なったときを想像してみてください。
- 枠を描いたとき、何を感じましたか？　枠があることで描きやすいと感じた人は、一定のルールなどがあったほうが安心するタイプです。枠があることで描き難いと感じた人は、規則などが苦手で、自由に活動したいタイプです。
- 隣の人と紙を交換して、あなたは何か感じましたか？　何を感じたのかが、重要な部分です。本来は自分のために描いたものを他者にわたすのですから、何か感じるはずです。感じた反応は3タイプに分けることができます。

①自分のために描いたのに交換したくない！
②交換することがわかっていたら、もっとていねいに描けばよかった！
③指示通り、素直に交換に応じる。

- あなたは、どのタイプでしたか？

①のタイプは、自分のために行動ができる人です。
②のタイプは、自分よりも相手を気にする人です。
③のタイプは、感情が平板化している人です。

以上、簡単に心のタイプを知る方法です。②と③のタイプの人は、大切なものを失っても気づかないことがあります。

2 日本は「気持ち」重視

日本は「気持ち主義の国」と言われているようです。自分の気持ちではなく、相手の気持ちが中心になっているのです。

日本では、何かを判断するとき、気持ちが重視される傾向があります。たとえば道徳的な判断を求められるときは、どんな気持ちで行なったのかが重要となります。欧米では、どんなことをしたのかという事実が重要のようです。

私たちはなぜ、相手の気持ちが気になるのでしょうか？

心理学者の東洋氏によれば、相手の気持ちを読もうとする行為は、社会への適応努力と述べられています。

日本の「気持ち重視」は、相手のことを考えるためのものであり、相手が望むことをいち早く知り、円滑なコミュニケーションを行なうための努力なのでしょう。

その結果、「おもてなし」という美徳にもつながっていると思います。

このように、日本では相手に配慮した生活が日常的に行なわれ続けています。日本人は自分の気持ちを抑え、相手の気持ちを読み取ることに力を入れているのです。

しかし、相手を思うあまり、自分の気持ちが後回しになっていることにもなります。また、中には自分のことだけを考え、相手の気持ちが気にならない人もいます。その場合、自分勝手な行動をとりながら、相手に理解されないという気持ちにもなります。

基本的には私たちの行動のほとんどは、相手の気持ちを知ろうとしながら動いています。

もし、相手の気持ちを気にせずに自由に行動ができるとしたら、あなたは自分の気持ちをちゃんと表現できるでしょうか？　また、あなたは自分の気持ちを理解しているでしょうか？

あなたの身近には、自分の気持ちを理解してくれる人がいるでしょうか？

3　本当の自分に出会うには？

　日本人はあまり気持ちを顔に出しません。だから、感情を読み取らなければならない社会になっているようです。

　日本人の中には、相手の気持ちがわからなければ、自分がどういう行動をとるべきか、迷う人もいます。それは幼いころからはじまっているともいわれます。幼いころは、誰でも親の顔を見ながら自分の行動を決めるからです。

　日本にはネガティブな感情表現も多いですが、それは相手の立場になって相手の気持ちを考えるという、共感力を発達させているとも考えられます。

　もし、相手の気持ちがわからない人が増えたら、それはそれで大変なことになるでしょう。

　子どもは成長するにつれ、集団の場では自分のわがままが他人に迷惑をかけることを学習していきます。そのため、感情を表に出すことが少しずつ減っていくのです。

　感情表現が少なくなると、相手に理解されないという心理的な孤独を感じるようになります。

　だいたい20歳前後のときにやってきますが、心の自立といわれ、乳幼児期と同じようなプロセスで発達していきます。

　乳児は母親と一体になっていると思い込んでいますが、やがて一緒ではないことに気づいていきます。同じように、他者も自分と同じ考えを持つと思い込んでいる時期があり、他者が違う考えを持っていることを知ると、裏切られたような気持ちになることがあります。

　これは、心が自立していないときに感じるものです。

　他者が自分と違う考えを持っていることを理解し、受け入れることができる状態が、心の自立ができた状態といえます。

　心理的に大人になったときが、他者が気にならなくなるときでもあり、自分に自信が持てるときなのです。

　そのためには、まずは自分をよく知ることが近道となるでしょう。

4 自分らしさを見つけよう！

どうしたら自分らしさを見つけられるのでしょうか？
　まずは本当の自分を知り、受け入れてみることです。自分の気持ちに素直になることです。簡単なようですが、これがなかなか難しいのです。
　みんなに合わせていると何となく安心はしますが、心のどこかでは納得していません。自由ではない気持ちを感じているはずです。

　そんなときは、自分とじっくりと向き合うことが必要になります。自分の内面を見つめることができれば、何をしたいのか、自然とわかってきます。自分らしくあるために必要なこともわかってきます。
　そうなれば他者が気になることもなくなり、自分が進みたい道を自信を持って歩むことができます。自信が持てるようになれば、さまざまなことに挑戦することもできます。
　自分を創造していくことができるのです。自分が力強く生きていくことで、周囲の人とも自然とかかわれるようになります。

　自分らしさを見つける方法には、どんな方法があるのでしょうか？
　自分らしさがわからない状態を見えるようにするには、自分の中に隠れていたものを表現することが必要となります。
　自分の中にあるものを表現することは、今までわからなかったもうひとりの自分の存在に気づくことです。もうひとりの自分を見つけ、受け入れることで、本当の自分になっていくのだと思います。

バラバラになっていた心が、ひとつになるようなイメージを持ってみましょう。

それには表現したものから、本当の自分の手がかりをひとつひとつ集めていく作業が必要となります。さまざまな側面から自分を見つめてみるのです。

自分で探さなくても、他者からの言葉で気づかされることもあります。「あなたはいつも○○だね」と言われることで、ハッとしたり、否定したりすることがあります。

でも、他者から見つけてもらうことにも限界があります。あなたが他者にすべてをさらけ出しているかどうかでも違います。

自己表現を通して、ていねいに自分を見つめることは、自分探しの近道になるのです。

自分を受け入れるとどうなるのでしょうか？

なぜ、本当の自分を知ることが心を強くするのでしょうか？

それは、どんな自分でも認めることができるからです。あなたが唯一無二の存在であることを認識できるからです。人に笑われても、陰口を言われても、気にならなくなります。

そうなれば恐れや不安がなくなり、自分の思い通りに自由に表現したり、行動ができるようになります。さまざまなことに挑戦することで、創造性が高まることにもなります。

自己受容できる人は恐れません。どんな自分をも認め、受け入れます。他者を気にしません。

自分を知ることは心の自立につながるのです。

自己受容がどの程度できているのか、「文章完成法」というワークで分析することができます。とても簡単なので挑戦してみてください。

簡単WORK 3　あなたの自己受容の程度を知る「文章完成法」

- ●「私は、○○です」という文章をできるだけ多く作ります。
  例：「私は臆病です」、「私は美人です」など。
- ●作った後に、「私は○○です」の「○○」の部分に入れた言葉を、表面的な言葉と内面的な言葉に分けます。
- ●内面的な言葉が多いほど内省ができていることになり、それだけ自己受容ができていることになります。

いかがでしたか？　内面に関連する言葉は多く出てきましたか？

言葉が出てこない人もいますので、後半にあるカラーセラピーワークを通して、あなたも自分と向き合い、自分らしさを見つけ、心理的に自立をしてみましょう。

第2章
カラーセラピー入門

あなたは「セラピー」や「カウンセリング」と聞くと、どんなイメージがありますか？
日本では、セラピーやカウンセリングを受けることに抵抗を感じたり、マイナスのイメージを持たれる人もいますが、近年は地方のイベント会場でもカラーセラピーを見かけることが多くなり、以前に比べれば気軽にセラピーが体験できる時代になったようです。

第1章では「気持ち」について触れましたが、カラーセラピーが得意としていることは、色から気持ちを読み解くことなのです。
この章では、初めてカラーセラピーと出合う方、あるいはこれからカラーセラピストを目指す方でも、楽しみながら簡単に心の読み解きができる方法を紹介します。

1 カラーセラピーとは？

　カラーセラピーは「色彩療法」ともいわれ、色の持つ効果を利用し、心や身体を癒して元気にしていく心理療法のひとつになります。色を使って、心の状態を読み解いていくものです。

　カラーセラピーは今、若い方を中心に体験を希望する人が増えています。また、色の効果を利用して、子育てなどに活かす講座も開講されています。

　カラーセラピーは、セラピストが使用するツールによって期待される効果に違いが見られますので、セラピストが色をどのように利用するのかを知ったうえで体験することをおすすめします。

　カラーセラピーは主に色を選ぶ、並べる、もしくは色を塗って心を表現する作業を通して、心や身体の状態、性格などを見つめていきます。

　色には、心に元気がないときや落ち込んでいるときに癒してくれる効果がありますが、人はそういう色を無意識に選んでいます。そのときどきの気持ちに合わせた色を自然に選び、利用しているのです。

　たとえば、今日は頑張らなければならないので、気合を入れるために赤色を身に着けたり、元気な気持ちになりたいときにビタミンカラーといわれる黄色や橙色を選んだりします。

　色のメッセージをファッションとして表現することもあります。花嫁衣裳は、古くから和装は白無垢、洋装は白いウエディングドレスを身に着けてきました。

　白は色が染まりやすいことから、嫁ぎ先の家の色に染まり、家族の一員になっていくためといわれています。

　心と色は、太鼓とバチのような関係です。色であるバチを扱うのは奏者のあなたです。色の扱い方しだいで、あなたの心は変わります。

　色は心と連動しているため、固定的なものではなく、心の外部や内部の状態によって欲する色も変わっていきます。色を選ばせているのはあなたの心なので、色を味方につければ、なりたい自分に変わることもできます。

　カラーセラピーは、色を使って表現することで自分自身を客観視するサポートをしてくれます。あなたの心は色に現われているのです。

カラーセラピーの種類

　同じ色を扱う仕事でも、カラーセラピストとよく間違われる「カラーコーディネーター」があります。
　どちらも色を扱っていますが、色の利用方法が違います。カラーセラピストは色彩心理を学ぶことから、心理学がベースになります。心や身体に「癒し」や「気づき」を与えるために色を使うのです。
　カラーコーディネーターはデザイン分野になります。色彩の知識や色の性質、配色の技法などを学びます。色をインテリアやファッション、美容などの分野で使います。

　また、カラーセラピーは占いとも間違われやすいようです。
　両者の大きな違いは技法です。カラーセラピーのシステムは、セラピストが一方的に相手の深層心理を言い当てるようなものではありません。相談者の「内側」にある答えを引き出すお手伝いをするのです。
　色を使った占いは、占い師が持っている答えを相談者にアドバイスします。いわゆる「外側」にある答えを使うのです。
　色を相談者に選ばせるところは同じですが、相談者の内側と外側のどちらから答えを導くのかという違いがあります。
　カラーセラピーで使う「カラーツール」が神秘的に見えることからも、占いと混同されるようですね。

　カラーツールとは、色を読み解き、問題の解決や癒しに導くツールのことです。
　ツールにはさまざまな種類がありますが、それぞれの特徴を理解することで、あなたに合ったセラピーを見つけることができます。
　ツールには、ボトル系、アート系、カード（チップ）系などがありますが、比較的ボトル系が多いようです。
　同じボトル系でも、セラピーで得られる効果や目的は多少の違いがあります。また、読み解き方にも本格的な心理相談からスピリチュアル系まで、いろいろあります。
　ひと口にカラーセラピーといってもいろいろありますので、そのセラピーでどんなことがわかるのか、確認することが必要です。

ボトル系
　ガラス製のカラーボトルを使って行なうセラピーです。
　相談者はセラピストの指示に従って、順番にカラーボトルを選んで並べていきます。ボトルの並べ方や選ぶ本数によって、相談者の心身の状態や性格、過去・現在・未来などを読み解いていきます。

セラピストによっては、選ばなかったボトルを重視したり、ボトルの中に入っているアロマオイルや鉱物、液体を使う場合もあります。

ボトルの色は1色だけではなく、2色や3色のものもあります。選ぶボトルの本数も、10本前後から50本以上まであります。

ボトルの本数が多くなればなるほど選べるカラーも多くなり、より深いセラピーができます。

センセーションカラーセラピー

ボトル系のカラーセラピーは、いわゆるスピリチュアル系のものもありますので、本格的な心理相談を希望される場合は確認が必要でしょう。

アート系

アート系は、画用紙に指示された絵を描いてセラピーを行なうもので、「アートセラピー」と「塗り絵セラピー」があります。

最近は大人の塗り絵の流行によって、塗り絵セラピーが注目されているようです。

絵の苦手な人にはちょっと難しく感じられるかもしれませんが、セラピーの目的に応じて描くものを変えることができるので、読み取れる情報も多く、相談者の個人的な問題や課題に対応できることが特徴です。

ドローイングセラピー協会

一方、塗り絵セラピーはあらかじめ図柄が用意されているので、絵が苦手な人でも気軽にアート感覚でカラーセラピーを体験できます。

図柄の数や種類もいろいろありますが、風景画のような図柄は情報量も多いため、多くのことがわかります。

アート系のカラーセラピーは描いたものが残るので、後から客観視できることが魅力ですし、何回か体験することで相談者の心の変化もわかりやすいのが特徴です。

カード(チップ)系

カラーカードやカラーチップを使うセラピーは、持ち運びが便利なので、カフェなどでも簡単に行なうことができます。

カード系の中には、心理テストのようなものもあれば、ボトルとカードを組み合わせる方法もあります。

カードやチップは比較的選ぶ色が少なく、明度も低いため、自分の好みの色を選びにくい部分もあります。

カラーセラピーの読み解き方法

　前項で3つのタイプのカラーセラピーを紹介しましたが、ここでは主にアート系のカラーセラピーの読み解き方法について解説します。
　アートセラピーは、体験者が感じたことを自由に表現できることから、気持ちを解放することにもつながり、癒しの効果があります。
　画材も気分に合わせて、クレヨン、パステル、絵具などから選べます。
　自分ひとりでも気づきやすいことから、「セルフセラピー」にも利用されています。また、塗り絵のモチーフそれぞれに意味があるため、本人の具体的な問題や課題に焦点を当てることもできます。
　逆にいうと、それぞれの図柄やモチーフは変えられないので、多少の制限があるということにもなるでしょう。

　アート系のカラーセラピーは、モチーフの意味を読み解いていきます。モチーフの意味がわかったところで、次に色からその部分がどんな状態なのかを考えるのです。
　たとえば、「木」は人の立ち姿にも似ていることから、人として見ます。実際は、相談者に「木を描いてください」と指示し、絵が完成してから木の意味を伝え、相談者に考えてもらいます。初めから「自分の木を描いてください」とはいいません。
　ただし、パートナーとの相性などを診断するときには、自分とパートナーを想像して、何かしら描いてもらうことはあります。
　セラピストによってセラピーのやり方には多少の違いが見られますが、モチーフに対するイメージは共通している部分が多く、基本的にはモチーフの意味と色のメッセージを組み合わせて、読み解きを行なっていきます。
　セラピストは、「赤色で塗られているので、○○のようですね」などと話すので、カラーセラピーの知識がない人には占いのように感じられるかもしれません。

　カラーセラピーのセラピストは、どうやって色の意味を見つけているのでしょうか？
　それは、「赤は熱い」、「青は冷たい」というような誰にでも共通している感覚と、相談者の個人的な経験からでき上がった色の感情を使うのです。
　そのため、セラピストが一方的に「○○ですね！」と決めつけることはしません。アート系のカラーセラピーは、相談者が感じたことを語ってもらい、セラピストの知識と合わせて、ふたりでお互いに意見交換をしながら読み解いていくのです。
　最初は誰にでも共通するモチーフや意味を伝えながら、少しずつ相談者の個別の事柄を探していきます。
　アート系のよい点は、心を画用紙に表現することから、相談者が自分と向き合うことを容易にしてくれるところです。

色とは気持ちは密接につながっています。自分の中に溢れている色は多く使いますが、自分が持ち合わせていない色は表現できません。

色は気持ちなので固定的な物ではありません。数日経過してから同じ図柄を塗っても、前とまったく同じにはならないこともあります。色が同じでも、筆圧や濃淡などが違っていたりするのです。

色には気持ちや感情が現われるのです。

ちなみにボトル系は、ボトルの配列と色からのメッセージの組み合わせによって読み解きを行ないます。

相談者は、セラピストの指示によりボトルの色を順番に選んでいきます。相談者のボトルの並べ方、色の選び方が決め手となるのです。

ボトルの置き方にはその人の心理が現われるので、心理学と色彩心理を組み合わせながら、相談者の本質や、相談者がこうなりたいと思っている自分、相談者の未来などを読み解いていきます。

ボトル系は、相談者の個人的な問題や課題に焦点を合わせてセラピーを行なうため、セラピストの経験もかなり必要とされます。

いずれにしても、ボトルは美しいので見ているだけでも癒され、ワクワク感を与えてくれる魅力的なツールといえるでしょう。

アート系カラーセラピーは、セラピーを楽しみながら感じたことを書き込んでいくので、自分で読み解く「セルフセラピー」ができるようになっています。

読み解く手順は、①塗っていたときに感じたこと、②塗り終わったときに感じたこと、③完成した絵を見て感じたこと、④そして最後に、各モチーフを色を使って読み解いていくのです。

詳しくは第4章で解説します。

2 色とは何か？

　カラーセラピーには絶対に欠かせない「色」ですが、あなたは色とは何かわかりますか？
　色は光から生まれてきます。
　目を閉じてみましょう。真っ暗で何も見えませんね。これは、光がないと色は存在しないことを証明しています。色は、目と光と物の3つがそろって初めて見えるのです。
　色は可視光線といわれる光の仲間で、電磁波の一種になります。目で見ることのできるエネルギーともいえるでしょう。
　色は波のように振動しながら物に当たります。私たちの目は、物に当たって反射したものをキャッチしています。光に色がついているのではなく、目がキャッチした波長を脳が読み取り、私たちに色を感じさせているのです。
　波長は長いものから短いものまであり、その違いが色の違いとして現われてきます。長いものが赤色、短いものが紫色といわれます。

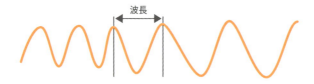

　一見、無色透明の太陽の光の中にいろいろな色が集まっていることを発見したのは、イギリスの物理学者であるアイザック・ニュートンです。
　ニュートンは、プリズムに太陽光を当てると、虹色の光の帯に分かれることを発見しました。
　光の帯はスペクトルと呼ばれ、赤・橙（だいだい）・黄・緑・青・藍（あい）・紫に分かれています。私たちは、光があるところでは色の中で生活しています。人間も物として考えると、常に色という波が当たっていることになります。
　色が振動しているなら、私たちは常に振動（波）とぶつかり、共鳴しているのです。あなたが身につけている色も、振動しながらほかの人に影響を与えていることになります。

　ところで、赤いリンゴはなぜ赤く見えるのでしょうか？
　別にリンゴが赤色の波長が好きだからではありません。ほかの色を吸収し、赤色の波長だけを反射しているからです。
　厳密にいえば赤色だけを反射しているわけではなく、赤・橙・黄を反射し、緑・青・藍を吸収しています。
　色の性質は、色相・明度・彩度の「三属性」に分類されます。
　カラーセラピストは相談者が表現する色を見て、心が重いのか、軽いのか、元気なのか、悲しいのかなど、色の三属性から読み解いていくのです

色相環

　赤色、青色、黄色…など、それぞれの色を色相と呼びます。「色相環」というのは、それぞれの色の違いをわかりやすく表現したものです。

　色相環の色は基本的に虹色の順番に並べられますが、カラーシステムによっては並べ方に違いがみられます。

　一番上にくる色が赤色や黄色になることもありますし、また7色とも限らず、8色だったり10色の場合もあります。

　並んでいる色相環の色の反対側にくる色のことを「補色」と呼びます。たとえば、赤色の補色は緑色、青色の補色は橙色、黄色の補色は紫色になります。補色の関係は相性診断で使うことがあります。

　では、実際に色相環を作ってみましょう！
　色鉛筆などの画材を使って、下のハートマークに赤・黄赤・黄・黄緑・緑・青緑・青・青紫の順番で色を塗ってみましょう。
　一番上にくる色は、自分の好きな色からはじめてください。たとえば、黄・黄緑・緑…と並べたり、赤・黄赤・黄…といった具合です。

色相環を作りましょう！

明度

「明度」とは色の明るさのことです。

明るい色は明度が高く、暗い色は明度が低いのです。パソコンで写真の修正などを行なったことのある人は、明度のレベルを上げると写真が白っぽくなり、下げると色相が消え、黒に近い色になったという経験があるかと思います。

明度の高い色は白に近くなることから、輝いて見えたりします。

簡単WORK 5　塗ってみましょう！

◆明度を高くする

◆明度を低くする

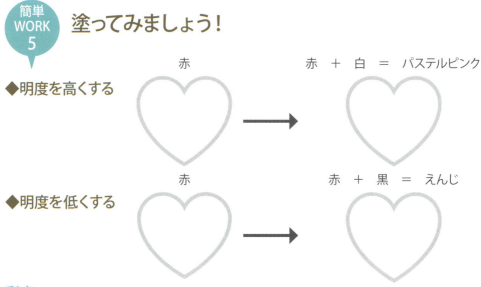

彩度

「彩度」とは色の鮮やかさのことです。

彩度が高い色は純色になります。純色とはほかの色が混ざっていない色のことです。彩度が低い色は、ほかの色が混ざっているため、もとの色が薄くなった状態です。

色に白を増やしていくと明度が高くなりますが、彩度は低くなります。明度と彩度の両方が低いものは、色に灰色を混ぜたものです。

簡単WORK 6　塗ってみましょう！

色相・明度・彩度の色の「三属性」は、心を測るための物差しのようなものになります。

言葉だけでは伝わりにくいことも、この色相・明度・彩度の違いを利用することで、心の状態が見えてくるのです。

有彩色と無彩色

色は大きく分けると「有彩色」と「無彩色」になります。

有彩色ははっきりとした色のあるもので、色相環に使用されるような、赤・青・黄などの色のことです。無彩色は彩度がなく、白・灰・黒など色味のないものです。

色相環で使用する有彩色は、日本工業規格(JIS)では260色あります。その中には基本色と呼ばれる色が10色あり、赤・黄赤・黄・黄緑・緑・青緑・青・青紫・紫・赤紫です。

無彩色は白・灰・黒が基本色で、この組み合わせを少しずつ変えていくと90色になり、有彩色と無彩色を合わせると350色になります。

JISでは赤・黄・青などの呼び名のほか、色名に慣用色名を設定し、色に番号ではなく名前をつけています。

慣用色の名前は、日常生活で目にする自然・文化・地名などが取り入れられています。「空色」は青空を表現した色、「江戸紫」は江戸時代に流行した色などです。ちなみに江戸紫は、東京スカイツリーの照明に使われている色です。

補色

「補色」とは、色を色相環で表現した際、反対側にあたる色のことです。

補色同士を混ぜると灰色になります。たとえば、赤と緑を混ぜると灰色になります。

補色は、配色したときにお互いの色を引き立てる関係となりますが、色の濃度や量など、バランスが大切です。

補色にはもうひとつ、「心理補色」というものがあります。「補色残像」という現象があり、何もなかったところに色が浮かび上がるという、ちょっと不思議な現象です。

たとえば、赤色をじっと30秒ほど見つめた後、何もない白い部分に視線を移すと、赤色ではなく心理補色の緑色がぼんやりと見えてくるのです。

 30秒間リンゴを見て、右側の黒い点に視線を移してみましょう!

色とイメージ

　ここでは、色とイメージについて理解を深めてみましょう。色からイメージするトレーニングにもなります。

　色には誰にでもわかる一般的なイメージがあり、それをイメージを利用した「安全色」(safety colour) があります。

　安全色は色に特別な意味を持たせたものです。たとえば、赤は「禁止」、青は「指示」、黄は「警告」、緑は「安全状態」などです。これらの安全色を利用して、案内板や標識が作られています。非常口は緑色、進入禁止は赤色です。

　こうしたイメージは誰にでも感じられることから、「固有感情」となり、感覚的なものとなります。一方、個人にしか感じられないものは「表現感情」となり、あくまで感情的なものとなります。

　カラーセラピーで心の読み解きに利用するものは表現感情になります。

暖かさを感じる色を塗ってみましょう！

寒さを感じる色を塗ってみましょう！

暖かさも寒さも感じない色を塗ってみましょう！

重さを感じる色

色によって重さも違います。たとえば、黒い箱と白い箱ではどちらが重く感じられますか？黒色の箱のほうが重く感じられると思います。

 簡単WORK 9　どちらかの箱だけ黒く塗ってみましょう！

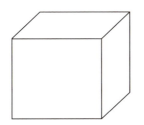 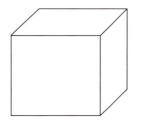

膨張色と収縮色

色によって大きさが違って見えることがあります。明度が高いと大きく見え、明度が低いと小さく見えます。暖色系も大きく見えます。

 簡単WORK 10　右側のハートを黒く塗ってみましょう！

膨張色　　　　　　　　　　　　　収縮色

白色　　　　　　　　　　　　　　黒色

黒は重くも感じますが、細く、小さく感じる色でもあります。塗り絵で黒が多く使われていると重く感じるため、心も重い状態と見る場合があります。

このように色の性質を利用して、心の読み解きを行なっていくのです。

次のワークからは、あなたが感じた色を自由に塗って、「表現感情」について理解を深めていきましょう。

言葉に合った色を塗りましょう！

好きな色　　　嫌いな色　　　どちらでもない色

季節の色を塗りましょう！

春　　　夏　　　秋　　　冬

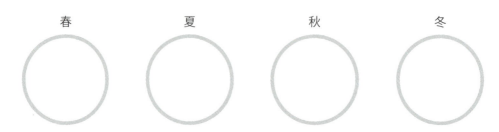

リラックスできる色を塗りましょう！

元気が出る色を塗りましょう！

　さて、あなたの感じている色はわかりましたか？
　これらの色は、現在のあなたの心の状態になります。心に変化が起こると色も変わることがあります。塗ったときの日付やどんな日に塗られたのかを記録すると、さらにわかりやすくなるでしょう。

簡単ワーク4で作った「色相環」の色に、オリジナルの名前をつけてみましょう。たとえば、赤色は日本の伝統色の「茜色」、黄緑は「若葉色」、青は「青空色」などです。あなたの色に対する「思い」が見えくるでしょう。

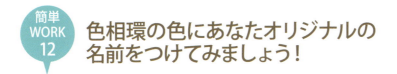
色相環の色にあなたオリジナルの名前をつけてみましょう！

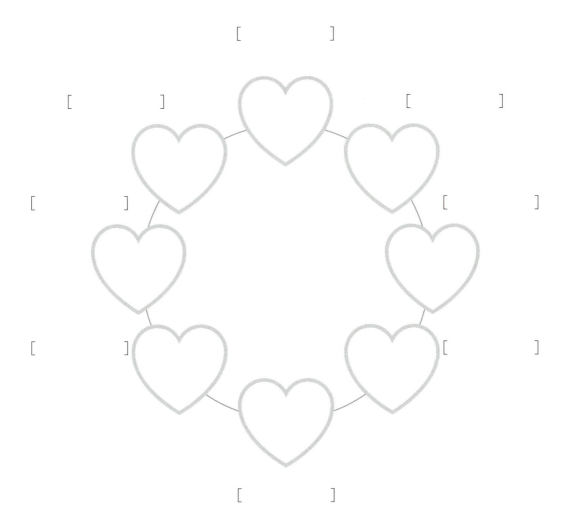

色の生理的効果と心理的効果

　色の性質について理解を深めてきましたが、ここでは色から受ける効果について紹介します。色の効果には、下記のような**「生理的効果」**と**「心理的効果」**があります。色は心に影響を与えるだけではなく、身体にも働きかけます。可視光線の波長を目がとらえて、脳が色として感じていますが、波長の違いによって、人の身体にも色の違いと同じように異なる反応が起きるのです。

　そうした生理的効果の反応のひとつにホルモンの分泌があります。ホルモンは特定の色に影響を受け、身体の中に変化を起こすと考えられています。色の心理的効果も同じようにホルモン分泌に関係があるとされています。

　「この色が好き」という感情は、心身がその色を欲しているから起きているのです。

赤	アドレナリンの分泌、血流を促進。血圧の上昇や筋肉の収縮。
赤	やる気や行動力をアップさせ、勇気を与える。
橙	インスリンの分泌を促進。血糖値の上昇を穏やかにする。
橙	明るい気分になったり、華やかな気持ちにさせる。
黄橙	グレリン(老化防止、成長ホルモン)の分泌を促進。細胞の活性化。
黄橙	橙よりも楽しい気分にさせる。身体の底から元気が湧き出る。
黄	エンドルフィン(脳内麻薬)の分泌を促進。
黄	幸せや希望を感じさせ、抑圧感を軽減する。
緑	アセチルコリンの分泌を促進。頭の働きをよくする。安眠。
緑	安定感や安心感を与え、心身のバランスを保つ。
青	セロトニンの分泌を促進。神経の安定、鎮静。安眠。
青	リラックスさせる。
青紫	オブスタチンの分泌を促進。食欲の抑制。
青紫	ほどよくリラックス、集中させる。
紫	ノルアドレナリン(神経伝達物質)の分泌を促進。
紫	やる気を高めるが、不安や緊張も感じさせる。
ピンク	ピンク　エストロゲン(女性ホルモン)の分泌を促進。若返り。
ピンク	やさしい気持ち、幸せを感じさせ、女性らしくさせる。
白	すべてのホルモンの分泌を活性化。
白	気持ちをスッキリさせ、柔軟な気持ちになる。
黒	ホルモンの分泌の抑制。
黒	拒絶させたり、気持ちをブレなくさせる。決断力、プライドを保つ。

「生理的効果」は、『色の新しい捉え方』(南雲治嘉著／光文社新書)による

3 あなたのラッキーカラーを見つけよう！

　色の意味を読み解くためには、色に抱いている個人的な意味を見つけなければなりません。個人的な意味を探る方法としては、色から連想したものを手がかりにします。
　ここで紹介する方法は、私のカラーセラピー講座で最初に行なっているものです。簡単なクイズだと思って、気軽に体験してみてください。

簡単WORK 13 下の妖精たちの中から、将来ビジネスで成功すると思う色の妖精を探して、その理由を書きましょう！

①選んだ妖精は？
（　　　　　　　　　　）色の妖精
②選んだ理由
（　　　　　　　　　　　　　　　　　　　　　　）

あなたが選んだ妖精の色と、選んだ理由を下記に当てはめて、文章を完成させましょう。

あなたがビジネスで成功するために必要としているラッキーカラーは①（　　　　　　　　）色になります。
　そして、②（　　　　　　　　　　　　　　　　　　　　）という理由で、あなたはビジネスで成功することができます。

　いかがでしたか？　ラッキーカラーは、あなたに夢を叶えるための力を与えてくれます。選んだ色を持ち歩いたり、身につけたりしましょう。色を持っていないときは、選んだ色を思い浮かべて、その色に包まれるイメージをしてみましょう。
　このワークを複数の人と行なえば、同じ色を選んでも違う理由を聞くことができるので、お互いのことを理解したり、違う意見を受け入れるトレーニングにもなります。
　占いとの大きな違いは、自分の内側にあるものを表現しているところです。自分で選んだり、自分で理由を考えることは、自己表現のひとつなのです。

願望を叶える！

　次のワークで、「○○になれる（ができる）ものは？」という問いの○○の中に、あなたが気になっている言葉を入れてみてください。
　たとえば、幸せな結婚ができるものは？　お金持ちになれるものは？　甲子園で活躍できる選手になれるものは？　など、好きな言葉を入れましょう。
　そして、○○に入れた言葉のイメージに合った妖精を前のページから選んで、その理由を考えてください。たとえば赤色の妖精を選んだとしたら、その理由は「情熱的だから」などです。

簡単WORK 14　「○○になれる（ができる）ものは？」の○○の中に言葉を入れましょう！

①「○○になれる（ができる）ものは？」の○○の中に言葉を入れます。
　（　　　　　　　　　　　　　　　　　　　　　　　）

②言葉に合った色の妖精を前のページから選びます。
　（　　　　　　　　　　）色の妖精

③選んだ理由について
　（　　　　　　　　　　　　　　　　　　　　　　　）だから。

あなたが選んだ言葉、色、理由を下記に当てはめて、文章を完成させましょう。

① (　　　　　　　　　　　　　　　　　　　) になる (ができる) ために、
あなたが必要としているラッキーカラーは② (　　　　　) 色になります。
そして、③ (　　　　　　　　　　　　　　　) があれば、
あなたの① (　　　　　　　　　　　　　　　　　) は
叶います。

ラッキーカラーを使って就職の内定を決めた学生

　何度も何度も採用試験に落ちていた大学生が、自分のラッキーカラーを見つけるワークを体験しました。
　内定をもらうために大学生が選んだのは、赤色の妖精でした。選んだ理由は、「やる気があるように感じたから」とのことでした。

　採用面接の前に赤色のボールペンを見て、やる気のことを意識しながら面接を受けると、見事に内定をもらうことができました。
　後日、採用担当者から採用の決め手を聞いたところ、「会うたびにやる気を感じたので採用した」とのことです。

　ラッキーカラーは、その人の今の状態に必要な色を選ぶことができるのです。あなたも色の効果を利用して、心の内側にあるものを信じてみませんか。

第3章
「こころパレット」で自己探求

これまでは、主に色の一般的な効果や誰もが感じる固有感情を利用したものでしたが、この章では色から個人的な感情や事柄、意味などを見つけていくためのツール「こころパレット」を使って、表現感情を解説します。

表現感情の練習として、前章ではラッキーカラーを見つけるワークを行ないました。色というカギを使って、あなたの心の扉を開け、自分自身で答えを見つけ出したのです。
この章でも、言葉に合った色を見つけながら、あなたの内側にあるものを表現します。

1 色からのメッセージ

　色から届くメッセージは複雑でわかりにくいものですが、カラーセラピーによって、あなたの感情の傾向が見えてきます。どんなことに怒りを覚えるのか、どんなことに幸せを感じるのかが、わかってくるのです。
　カラーセラピーで一番難しいことは、その人に合った色の意味を見つけることです。
　その理由は、色には一般的な意味と個人的な意味があるからです。私のイメージする赤と、あなたのイメージする赤は同じとは限りません。意味も同じではないのです。
　十人十色という言葉もありますが、人の数だけ色の意味があると言ってもいいでしょう。

　あなたにピッタリと合った色の意味は、あなたが表現した「色と感情」の意味を見つけることでわかってきます。
　個人的な色の意味を探すには、一般的な色の意味や文化的な意味を、ひとつひとつ紐解いていかなければなりません。
　前章で固有感情と表現感情について述べました。固有感情は、色をひとつの言葉として機能させることができます。信号機の青色の「進め」、黄色の「注意」、赤色の「止まれ」などです。
　ほかにも「熱さ」や「寒さ」など、感覚を感じさせるものがあります。

固有感情

　一方、表現感情は個人的な感覚から生じるものなので、ピンクがかわいいと誰もが感じるわけではありません。

表現感情

　あなたが感じる色の意味は、大きく分けると本能、文化的なもの、個人的な経験、などの3層からでき上がっていると考えられています。
　たとえば、赤色から感じられるものは何でしょうか？　私は「情熱」を感じますが、あなたは何を感じますか？
　3層でいえば、本能的なものとしては「熱い」、文化的には「日の丸」などでしょう。個人的には赤色には「強さ」を感じたので、そこから「情熱」が導き出されたのだと思います。

色の連想

　赤色からは、私は「情熱」という言葉を思い浮かべました。色の連想ゲームをやってみるとよくわかりますが、色から浮んでくる言葉は目で見ることができるもの、現象、物体、経験などが多いと思われます。

簡単WORK 15　**黄色から連想できるものを10個、考えてみましょう！**

　いかがでしたか？　抽象的なものはあまり出てこなかったのではないかと思います。
　カラーセラピーは、色から心を読み解くことになります。色の連想ゲームを体験して感じたと思いますが、あなたの感情やあなたの問題に関係するような言葉は簡単には出てこないのです。
　一方、簡単ワーク14では、色からあなたが必要としているパワーや、あなたが求める生き方を言葉として表わすことができたと思います。
　このふたつの違いは、簡単ワーク15では色から言葉を探しましたが、簡単ワーク13では言葉から色を探していたのです。
　色から個人的な意味を見つけるのは難しいですが、言葉から色を連想すると簡単に色を見つけることができます。また、形、香り、味、音などからも色は連想することができます。不思議ですね。

第3章 「こころパレット」で自己探求

簡単 WORK 16　黄色を形にしてみましょう！

簡単 WORK 17　図形に色を塗ってから、（　）の中に色を記入しましょう！

（　　色）　（　　色）　（　　色）　（　　色）　（　　色）

　簡単ワーク16と17で同じ色の形はありましたか？
　これが色から形を見つけることと、形から色を見つけることの違いになります。

　スイスの芸術家・理論家のヨハネス・イッテンは、彼の『色彩論』の中で、色と形は調和しているときに、お互いに効果を高めようとすると述べています。
　イッテンは、赤・黄・青の3色の一次色を特別な色とし、形の基本は正方形・三角形・円をあげています。

これらの色と形が調和する組み合わせは、四角形は赤、三角形は黄、円形は青とし、四角形は限界の象徴、三角形は思考の象徴、円形は精神の象徴といいます。
　あなたのワークの色と形を比べてみましょう。もちろん、イッテンと同じではないからいけないということではありません。すべて個性なのです。

　アート系のカラーセラピーでは、モチーフに色を塗りますが、描いた世界観と一部のモチーフの色がそぐわない場合があります。
　そのようなときは、色の意味を考えてみましょう。今のあなたの状況や状態を考える手がかりになります。

色と形の組み合わせ一覧

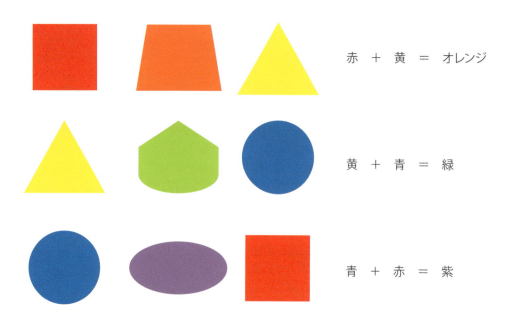

出典：『色彩論』ヨハネス・イッテン著／大智浩訳／美術出版社／1971 年

第3章 「こころパレット」で自己探求

ここからは、言葉から色を見つけてみましょう。

色から連想できるものはいろいろありますが、具体的な物には共通性があることから、似たような答えになります。

たとえば、あなたは「お金」を色で表わすと何色になりますか？

お金を色で表わすと何色になりますか？

　　　　　　　　　　　　　　　　　　　色

一般的には、紙幣の色で白や薄茶、硬貨の色で金色、銀色などの回答が多いと思われます。でも、これでは個人差があまり見られません。質問を個人的な事柄に変えると興味深い結果になります。

たとえば、あなたは「貯金」を色で表わすと何色になりますか？　また、経営者や財力のある人は「資産」を色で表わしてみましょう。

貯金、または資産を色で表わすと何色になりますか？

　　　　　　　　　　　　　　　　　　　色

個人的なことに関する質問になると、個人差が現われてきます。答えた色から、貯金や資産に対する感情や状態が見えてくるのです。

茶色、赤色、緑色、黒色などいろいろあるでしょうが、私は茶色でした。あなたの貯金は何色でしたか？　40ページの「色から連想する一般的な意味」を参考にして、自分で分析してみましょう。

ワークを体験してわかったと思いますが、言葉から色をイメージすることは比較的簡単ですが、色からいきなり意味を考えることはけっこう難しい作業になります。

では、もう一度、あなたの持っている色のイメージを使って、ラッキーカラーを見つけるワークを行ないます。

ラッキーカラーをもう一度探しましょう！

　自分らしく生きていくために必要な人生の扉を開けてみましょう！
　あなたは何色の扉を開けてみたいですか？　深く考えずに、下の扉の中から選んでみましょう！

 あなたが自分らしく生きていくために
必要な人生の扉はどれですか？

①何色の扉を選びましたか？
（　　　　　　　　　　　）色の扉
②この扉は、あなたにどんな力を与えてくれますか？
（　　　　　　　　　　　　　　　　　　　　　　　　）
③選んだ扉の向こうのあなたは、どんな生き方をしていると思いますか？
（　　　　　　　　　　　　　　　　　　　　　　　　）

　あなたが①〜③で答えたことを下記に当てはめて、文章を完成させましょう！

　あなたが自分らしく生きていくために必要としているラッキーカラーは、
①（　　　　　　　　　　　　　　　　　）色になります。
　そして、この扉は②（　　　　　　　　　　　　　　　　　　　）を
与えてくれるから、③（　　　　　　　　　　　　　　　　　　　　）
ことができ、あなたは自分らしく生きていくことができるのです！

　このように、色から個人的な事柄を見つけて、気づきを与えることがカラーセラピーです。わからなかったことが見えてくるだけでも心がすっきりとし、セラピー効果のひとつとなります。

■ 30歳の女性(会社員)の事例

　このワークで、ある女性が選んだ人生の扉は水色でした。女性は、水色の扉は「自由になれる、解放してくれるから、やりたいこと、行きたいところに自分で決めることができそう！」と答えていました。
　水色の扉を選んだ後に身の回りのことを考えてみると、水色のワンピースを購入していたことに気づいたそうです。これを着ているときは気分がよくなり、表情も明るくなったとのことです。
　この女性にとっては、水色は気持ちが解放され、リラックスの源になっているようですね。

色から連想する一般的な意味

　色の持つパワーにはプラスもマイナスもあります。下にあげるものは一般的なイメージになりますので、参考程度にしてください。

　個人的な色の意味は、第4章の「私の色事典」のワークで作ります。

赤	やる気、行動力をアップ、はじまり、積極的、怒り、性的な興奮、野心、改革、冷酷、危険、暴力
オレンジ	元気を出す、楽しい、喜び、開放的、自信、好奇心、コミュニケーション、ショックや挫折感を癒す、快楽の追求、不要なものが溜まる、依存、不純、わがまま
黄	元気、希望、輝き、知識、目立ちたがり、陽気、充実、自立、依存心、嫉妬、詐欺行為、ウソ
緑	共存、安全、中庸、循環、バランスをとる、治療、癒しを与える、協力、不安症、偏見、疲労、過度のストレス、無関心
ピンク	女性ホルモンを活性化、愛らしい、穏やか、恋心、解放、幸福感、感謝、健康、甘え、わがまま、ストレス
青	心を鎮める、信頼、忠誠、責任、静かさ、理性、献身的、リラックス、平等、学問、規律に忠実、規制、神経質、抑圧、服従、疑い深い
紺	尊敬、厳格、官僚的、真実、洞察力、インスピレーション、英知、内面思考、閉じこもる、否定的、不安症
紫	心身のバランスをとる、回復、高貴、プライド、社会貢献、上品、崇高、神秘、支配的、逃避、神経質、疲労、ストレス、不誠実、不安定
茶	堅実、着実、大地、根を張る、安定、優しさ、責任感、抑圧、物質欲、コミュニケーション不足、物静、我慢
銀	安心感を与える、サポート、愛嬌
金	行動的、理想、上品、プライド、カリスマ、財力、安定、知識、意欲、強い意思、理想追求、傲慢、逃避、不安定
灰	非個性的、中立、安定的、あいまい、強調性、優しさ、控えめ、閉鎖的、不安定、迷い、逃避、沈む、不活発
黒	自信、意思の強さ、強さ、保身、抑圧、孤立、抑制、不安、絶望、自己主張、威圧、権力、遮断、頑固
白	純粋、再生、質素、無邪気、純潔、貞操、受け入れ、上品、神聖、浄化、はじまり、完璧、影響を受ける、非社交的、自己否定、寂しさ、孤立、無関心、存在無し

2 「こころパレット」を作ろう！

色と言葉の関係

　色から自分の気持ちを知ろうとしても、なかなかわかりません。色から連想することは、どうしても具体的なものばかりになり、抽象的なことは感じにくいのです。
　そこをわかりやすくしてくれるのが、「こころパレット」です。「こころパレット」は「言葉」から色を感じようとします。
　パレットで使用されている言葉は、カラーセラピーを体験された方たちから集められたものです。テストではありませんので、使用されている言葉以外にも、個人的に気になる言葉があれば書き足して、自由に色を塗ってみましょう。

　「こころパレット」が完成すると、同じ色で塗られた言葉があることに気がつくでしょう。同じ色の言葉（対象）には、共通したものがあります。そこが「こころパレット」のおもしろいところです。
　私たちの感情は単体で存在しているのではなく、いろいろなことから刺激を受けたり、ほかの感情と協力し合ったりして、でき上がっているのです。

セルフセラピーもできる！

　「こころパレット」には、「幸せ」や「喜び」などの言葉があり、その言葉から感じたものを色で表現していきますが、同時に「幸せとは何だろう？」「今、自分は幸せだろうか？」などと、自分に問いかけたりすることになります。
　「こころパレット」を使ってワークを体験することで、色の共通性などから自分の中にある感情同士のつながりも見えてきますので、自分で簡単にセルフセラピーができるようになります。
　もし、「幸せ」と「健康」が同じ色で塗られていれば、両者にはつながりがあることになり、心の奥では「健康でなければ幸せではなくなる」、あるいは「幸せではないと不健康になる」と感じているのかもしれません。

　あなたの幸せは何色でしょうか？　幸せは何と関係があるのでしょうか？　「こころパレット」で自己探求してみてください。

　では、さっそく塗っていきましょう！

実践
WORK
1
「ポジティブパレット」　　　〔　　年　　月　　日〕

　ポジティブパレットは、人間の基本感情といわれる「快」から派生した感情である「幸せ」と「喜び」のふたつを重要な言葉としています。
　ポジティブパレットは人生の活力になる言葉を多く集め、あなたの生きる力になるように構成しています。

　パレットにある言葉から感じた色を塗ってみましょう！　画材は、色鉛筆、クレヨンなど好きなものを使います。深く考えすぎないように、わかるものから仕上げていきましょう。
　まったく色がイメージできていないところは、そのままにします。残された言葉が、あなたの課題になります。
　心に変化があったときは、もう一度、色を塗りなおしてみましょう。

第3章 「こころパレット」で自己探求

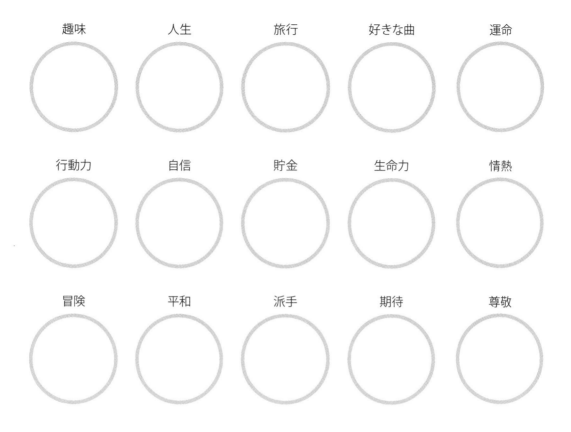

ほかにも、気になる言葉を自由に書き込んで、色を塗ってみましょう！

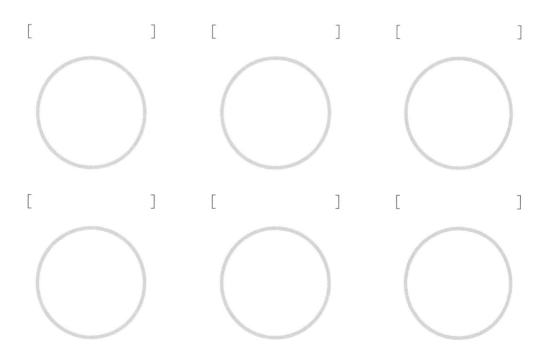

実践
WORK
2 「ネガティブパレット」 〔　　年　　月　　日〕

　ネガティブパレットは、人間の基本感情といわれる「不快」から派生した感情である「悲しみ」、「怒り」、「恐れ」の3つを重要な言葉としています。
　ネガティブパレットは気持ちが落ち込むような言葉を多く集め、あなたの人生がちょっと暗くなる言葉で構成しています。
　気が重いときは一気に塗らずに、何日かに分けて、ゆっくりと時間をかけて塗りましょう！

　ポジティブパレットと同じように、深く考えすぎず、わかるものから仕上げて、まったく色がイメージできていないところはそのままにします。
　残された言葉が、あなたの課題になります。

悲しみ	怒り	恐れ	不安	嫌悪
○	○	○	○	○
終わり	悩み	過去	絶望	不幸
○	○	○	○	○
病気	疲労	努力	消極的	自信がない
○	○	○	○	○

第3章 「こころパレット」で自己探求

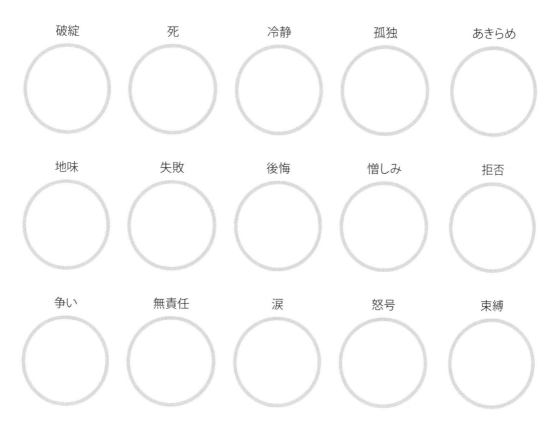

破綻	死	冷静	孤独	あきらめ
地味	失敗	後悔	憎しみ	拒否
争い	無責任	涙	怒号	束縛

ほかにも、気になる言葉を自由に書き込んで、色を塗ってみましょう！

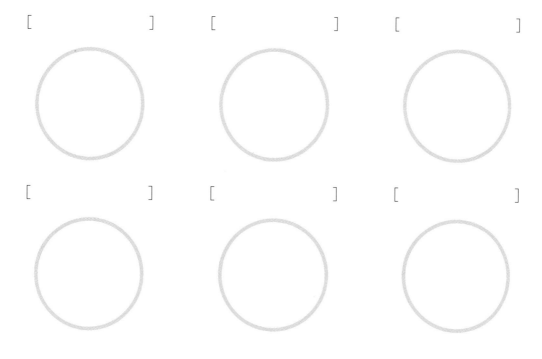

実践 WORK 3 「ビジネスパレット」　　　〔　　年　　月　　日〕

　ビジネスパレットでは、仕事に満足しているのか、働く環境があなたにとってよい状態なのか、確認できるような言葉を集めてあります。
　職種によってそれぞれ個別の事情があると思われますので、気になる言葉を多く書けるようにパレットの数を増やしてあります。
　気になる言葉を書き込んで、感じた色を塗ってみましょう！
　言葉にするだけでも、あなたの中にある仕事についての思いなどを知ることができます。

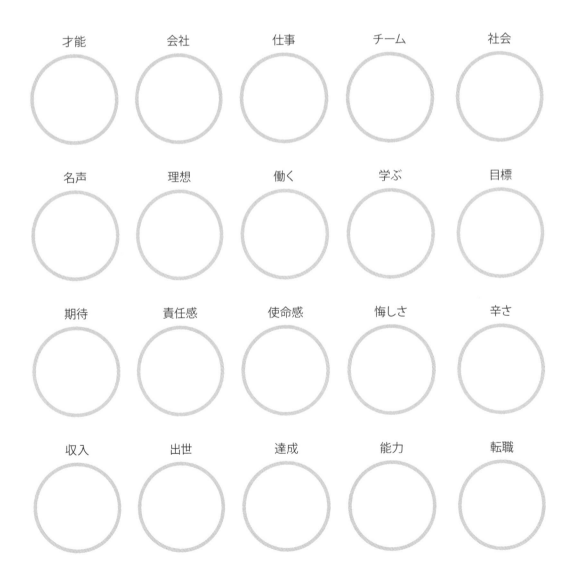

第3章 「こころパレット」で自己探求

ほかにも、気になる言葉を自由に書き込んで、色を塗ってみましょう！

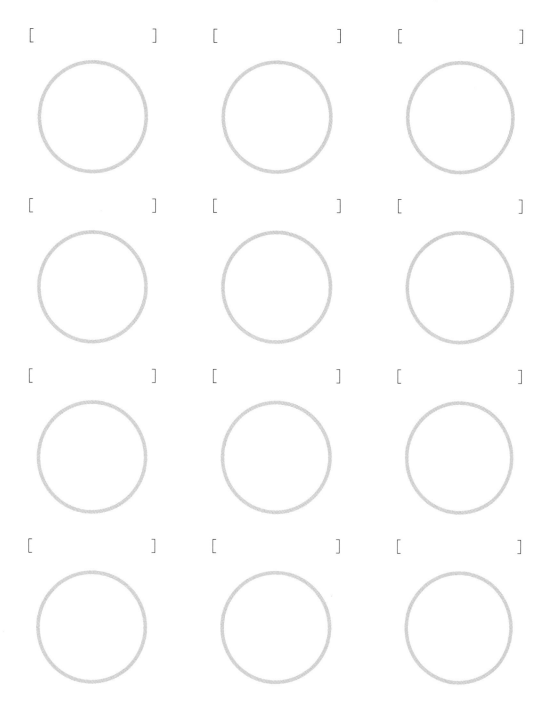

「対人関係パレット」 〔　　年　　月　　日〕

　人間関係を持続できるかどうかのカギは、相手とどのような関係性を保てるかを知ることにあります。
　「社会的交換理論」というものがありますが、これはあなたと相手が何かしらの交換をしている関係にあるという考えです。

　お店とあなたの関係を例にとると、両者はお店の商品とあなたのお金を交換する関係にあるということです。商品の価値より安く購入できれば、買うほうはうれしいですが、売るほうは損をすることになります。
　両者の受け取る価値のバランスが崩れれば、双方の関係もギクシャクするといわれます。

　相手が私のことを大切にしてくれるので、私も相手を大事にしようとか、私にいろいろとよいアドバイスをしてくれるので、相手のことを尊敬するとか、この関係性は物だけではなく、気持ちのバランスも含まれます。
　恋愛関係においても、これらの交換材料が多ければ多いほど長く続くという研究結果もあります。

　次の言葉から感じた色を自由に塗ってみましょう！

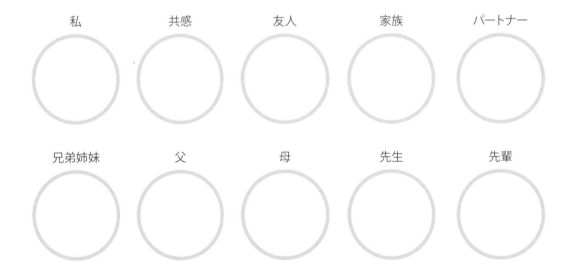

第 3 章 「こころパレット」で自己探求

ほかにも気になる言葉や、特定の人の名前を自由に書き込んで、
色を塗ってみましょう！

「仲良しグループ」

〔　　　年　　月　　日〕

「対人関係パレット」にある「私」の色を使って、対人関係について考えてみましょう！

　「私」の色を中心にして、対人関係パレットから「私」と同じ色の人を、さらに 21 ページの色相環やカバーの折り返し部分にある色相環を見て、「私」の色と隣接する色の人を集めてみましょう！ 〔　　　〕に名前、○に色を塗ります。
　すると、あなたの仲良しグループがわかりますよ。

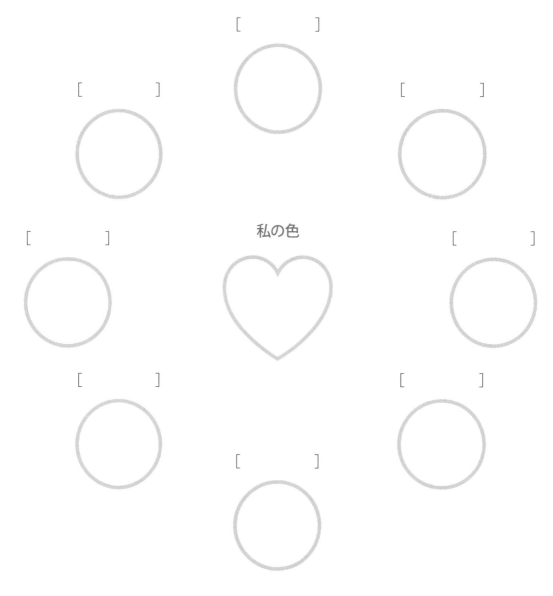

カラーセラピーで相性チェックをしましょう！

　あなたと気になる方ふたりで、一緒にハートの塗り絵を体験しましょう！　塗り終えたものを合わせて判断します。

　仲のよい友だち、同僚、親子でもOK！　婚活イベントにも使えます！

【手順】

1　白紙を用意して下図のように半分にしたハートの図を用意します。
2　半分のハートの図は、向かって右側を少し大きくします。
3　相手のことを思いながら、半分になったハートの右側か左側に色を塗ります。
　※相手に塗っているハートの形を見せないように気をつけましょう。

4　色の数の制限はありませんので、自由に塗りましょう。
5　お互いに塗り終えたらハートを合わせて、ラブフュージョンさせてみましょう！
6　結果は、次ページを参考にしてください。

■結果について

○向かって右側のハートは少し大きめに描かれています。右側を選んだ人は、「受け取る愛」になります。主導権を握っている関係や、愛情を欲している人などが考えられます。

○左側を選んだ人は「与える愛」になります。相手に尽くす、相手を思う気持ちが強い人などが考えられます。

○半分になったハートを合わせてみましょう！　ひとりが右側を、もうひとりが左側を選び、左右のハート型がそろったあなた方は、愛のバランスがよい状態ですね。

○残念ながらハート型にならなかったあなた方も、大丈夫です。

○右側を選んだあなた方は、相手に対して、もう少し思いやりを持って接してみましょう。どちらも主導権を握っているようです。車のハンドルの奪い合いは事故のもとです。

○左側同士のあなた方は、どちらも遠慮しがち。本音が言えるような関係になりましょう。ふたりとも助手席にいたのでは、車は動き出しませんね。目的が決まったら、どちらの方でもいいので運転してみましょう！

○もっと詳しい関係を知りたい方は、「ポジティブパレット」と「ネガティブパレット」を見て、今の気持ちを考えてみましょう。

○ハートに塗られた色は、相手に対する気持ちの色です。ハートの形になったとしても、自分の色が幸せ色で相手の色が不安の色だとしたら、見かけは安心だけれども、気持ちの奥では不安があることになります。

○また、色相環を見て、補色の関係なのか、隣同士の色なのか、確かめてみましょう。補色の関係であればお互いに惹かれ合いますが、相手との気持ちのバランスが崩れると対立するこもともあります。隣同士の色の場合は仲良しですが、発展性にかけることもあります。

　ハートの色から、ふたりの気持ちにどんなことが起きているのか、一緒に考えてみましょう！

3 「こころパレット」で簡単セルフセラピー

さて、塗り終えた「こころパレット」を見て、何か気づいたことはありませんか?

あなたが気づいたこと、感じたことはメモに残しておきましょう。今後、自己理解につながる重要な情報になります。

言葉ひとつひとつに対して、あなたの思いがあります。すぐに色が塗れたものは、あなたが理解していることです。

色が思い浮かばないもの、後回しにしてしまったものは、その言葉への思いがわからなくなっている可能性があります。

それらは、自分らしく生きるための問題や課題の手がかりになる言葉ですので、大切にしましょう。

「こころパレット」を分析しましょう!

パレットの中に気になる色はありますか? 気になる色はあなたを活き活きとさせてくれます。

次ページからのワークで、同じ色で塗られている言葉を集めてみましょう!

同じ色の言葉には密接な関係があります。どれもひとつも欠かせないのです。

また、その言葉の色と反対の色 (補色) も色相環から探してみましょう! たとえば、赤と緑、黄と紫、オレンジと青などです。

反対色は、そのキーワードに対する妨害にもなりますし、また補う関係でもあります。

どちらに感じるかは、色を塗った人がどのように読み解きするのかで決まります。ちょうど夫婦関係のように、ケンカをしたり、お互いを必要とするような関係ですね。

さらに、「こころパレット」をほかの人のものと比べてみてください。比べることによって、自分と他人の色が同じではないことがわかりますので、自己理解や他者理解がますます深まります。

まずは基本感情を中心に、自分が喜んだり悲しんだりすることとはいったい何なのか、知るようにしましょう!

「幸せのページ」

〔　　年　　月　　日〕

ポジティブパレットの「幸せ」と同じ色の言葉を書き込みましょう！
すべてのパレットから探してみてください。

[　　　　]

[　　　　]　　　　　　　　[　　　　]

幸せ

[　　　　]　　　　　　　　　　　　　　[　　　　]

[　　　　]　　　　　　　　　　　　　　[　　　　]

[　　　　]　　　　[　　　　]

[　　　　]

第3章 「こころパレット」で自己探求

実践 WORK 8 「喜びのページ」

〔　　年　　月　　日〕

ポジティブパレットの「喜び」と同じ色の言葉を書き込みましょう！
すべてのパレットから探してみてください。

[　　　　]

[　　　　　　]　　　　　　　　　[　　　　　　]

喜び

[　　　　]　　　　　　　　　　　　　　　　　[　　　　]

[　　　　]　　　　　　　　　　　　　　　　　[　　　　]

[　　　　　　]　　　　　　　　　[　　　　　　]

[　　　　]

実践 WORK 9 「元気のページ」　　　〔　　年　月　日〕

ポジティブパレットの「元気」と同じ色の言葉を書き込みましょう！
すべてのパレットから探してみてください。

[　　　　　]

[　　　　　]　　　　　　　[　　　　　]

　　　　　　　　　　元気
[　　　　　]　　　　　　　[　　　　　]

[　　　　　]　　　　　　　[　　　　　]

[　　　　　]　　　　[　　　　]

[　　　　　]

第3章 「こころパレット」で自己探求

「悲しみのページ」　　　　〔　　年　月　日〕

ネガティブパレットの「悲しみ」と同じ色の言葉を書き込みましょう！
すべてのパレットから探してみてください。

[　　　　]

[　　　　]　　　　　　　　[　　　　]

　　　　　　　悲しみ
[　　　　]　　　　　　　　[　　　　]

[　　　　]　　　　　　　　[　　　　]

[　　　　]　　　　　　　　[　　　　]

[　　　　]

「怒りのページ」

〔　　年　　月　　日〕

ネガティブパレットの「怒り」と同じ色の言葉を書き込みましょう！
すべてのパレットから探してみてください。

[　　　　　]

[　　　　　]　　　　　　　　[　　　　　]

怒り

[　　　　　]　　　　　　　　[　　　　　]

[　　　　　]　　　　　　　　[　　　　　]

[　　　　　]　　　　　　　　[　　　　　]

[　　　　　]

58

| 実践 WORK 12 | 「恐れのページ」

〔　　年　　月　　日〕

ネガティブパレットの「恐れ」と同じ色の言葉を書き込みましょう！
すべてのパレットから探してみてください。

[　　　]

[　　　]　　　　　　　　[　　　]

恐れ

[　　　]　　　　　　　　　　　　　　[　　　]

[　　　]　　　　　　　　　　　　　　[　　　]

[　　　]　　　　　　[　　　]

[　　　]

| 実践 WORK 13 | 「気になる言葉のページ」 | 〔　　年　　月　　日〕

　各パレットで、「ほかにも、気になる言葉を自由に書き込んで、色を塗ってみましょう！」とありますが、気になる言葉と同じ色のものを書き出してみましょう！
　すべてのパレットから探してみてください。

[　　　　]

[　　　　]　　　　　　　　　　[　　　　]

気になる言葉

[　　　　]　　　　　　　　　　　　　　　　　　[　　　　]

[　　　　]　　　　　　　　　　　　　　　　　　[　　　　]

[　　　　]　　　　　　　　　　[　　　　]

[　　　　]

4 「こころパレット」の分析例

■ 8人の事例

	①	②	③	④	⑤	⑥	⑦	⑧
	20代女 会社員	30代女 主婦	30代女 会社員	30代女 主婦	40代女 主婦	30代女 アルバイト	20代男 学生	20代男 会社員
貯金	金	金	赤	金	青	銀	金	灰
幸せ	赤	ピンク	紺	ピンク	橙	黄緑	ピンク	金
成功	ピンク	黄・金	金	緑	黄	緑	金	金
夢	水色	虹色	金	橙	白	黄	赤	黄
仕事	黄・橙	青	赤	青	茶	灰	青	灰
愛情	虹色	ピンク・黄	金	赤	黒	ピンク	ピンク	赤

　では、「こころパレット」を分析してみましょう。
上の表は、ワークを体験された8人の方がそれぞれ、「貯金」「幸せ」「成功」「夢」「仕事」「愛情」に何色を塗ったかを示しています。

　表を見ると、「貯金」「仕事」「愛情」の項目に「黒色」と「灰色」があるのがわかります。ほかの方と比べると、ちょっと異質な感じがしますね。
　この方たちは、この言葉に関することに何か悩みや課題があるのかもしれません。
　たとえば、⑤の主婦は愛情が「黒色」ですが、ネガティブパレットで黒色が使われている言葉が「拒否」や「絶望」であれば、この方は今、厳しい状態にあることも予想できます。
　しかし黒色には、ほかにも「強さ」や「高級感」のイメージもありますから、必ずしも「黒色＝不幸」とは限らないのです。

　また、基本感情の「幸せ」の項目ではいろいろな色が使われています。幸せを感じるものは人それぞれに違うようですね。
　⑧の男性は「成功」することが幸せのようですが、⑧の男性にとっての成功とはどんな成功のことをいうのでしょうか。
　同じ20代の男性でも、⑦の学生の幸せは「愛情」のようです。

　あなたの幸せは愛情ですか？　それとも貯金や仕事でしょうか？

第4章
こころが元気になるワーク

さあ、カラーセラピーワークもいよいよ大詰めです。
最後の章では、これまでの「簡単ワーク」と「実践ワーク」をもとに、「こころが元気になるワーク」を体験します。

ワークは、「自己理解ワーク」・「未来を変えるワーク」・「あなたの望みを知るワーク」の3つに分類されています。
色を塗るだけで完成できるようにしてあります。

ワークをとおして、本来の自分というものの理解を深め、自分は本当は何を求めているのか、未来の自分はどういうふうになりたいのか、また自分の隠された能力とはいったい何なのかが、見えてくるでしょう！

第4章 こころが元気になるワーク

実践 WORK 14

自己理解ワーク「私の色事典」

〔　　年　　月　　日〕

　第3章の「こころパレット」を使います。個人的な事柄や感情に焦点をあてて、自己理解を深めるワークです。あなたが何を求めているのか、これからどうなりたいのかを探ります。
　ワークの説明を読んで、手順どおりに色を塗り、書いていきましょう。その後の質問と解説を参考にして、読み解きができるワークになっています。

　「私の色事典」は世界に1冊しかない大切な事典となります。
　新たな色の意味がわかったときなど、色事典に意味を追加しながら作りあげていくので、完成することのない事典ともいえます。

【手順】
①次ページに掲載する色事典には、あらかじめ基本の色名が入っています。好きな画材を使って、色名の欄にあなたが思う色を塗ります。

②色事典と同じ色を「こころパレット」の中から探します。同じ色が見つかれば色事典に色の意味を記入します。

例：　黄　……　「こころパレット」の言葉　→　希望
　　　　　　　色のイメージの人　　　　　→　子ども
　　　　　　　持ち物　　　　　　　　　　→　サマーセーター

③色事典に書き込む作業が終わったら、「こころパレット」で使われている色のすべてが色事典に入っているかどうかを確認します。色事典になくて、「こころパレット」にある色があれば、色事典に追加します

「私の色事典」の見本

色名	こころパレットの言葉	色のイメージの人	持ち物
黄	希望	子ども	サマーセーター
↓	↓	↓	↓
好きな画材で色を塗る	パレットから同じ色を探し、言葉を記入	色からイメージする人物を記入	黄色の持ち物を記入

「私の色事典」

色名	こころパレットの言葉	色のイメージの人	持ち物
赤			
赤みの橙			
黄みの橙			
黄			
黄緑			
緑			
青緑			
緑みの青			
青			
青紫			
紫			
赤紫			
白			
灰			
黒			
茶			
金			
銀			
ピンク			

自己理解ワーク「身体を感じる」

〔　　　年　　月　　日〕

あなたの身体をスキャンするようなイメージで、身体の動き・重さ・温度などを感じてみるワークです。

身体の隅々まで感覚を研ぎ澄ませながら、足から順番に頭のてっぺんに向けて感じていきます。そして、次ページの人型のイラストに感じた色を好きなように塗っていきましょう。

人の型に合わせて塗る必要はありません。好きな画材を使って、落書きのようにしてもOKです。リラックスして、感じたままに塗ることが大切です。

身体の活動状況が色で表現されるので、部分的に明るい色で塗られたり、くすんだ色で塗られたりします。身体の状態がよいときは色のバランスもよく、鮮やかに見えます。

過剰に使用されている色や、まったく使用されていない色から、身体からのメッセージを受け取ることもできます。

うまくイメージできない人は、以下のことを参考にしてみてください。

A　鏡を使って、自分を見ながら色を感じてみましょう。または目を閉じて、色に包まれている自分を想像してみましょう。

B　目を閉じて、身体の内なる声を聴いてみましょう。耳は外の音だけではなく、自分の心の声を聴くこともできます。心を静かにして、耳に意識を集中します。そして、聞こえたものを色で表現してみましょう。

C　目を閉じて、身体を動かしながら、動き・重さ・温度を感じて、色で表現してみましょう。

D　これらの方法でも思いつかないときは、塗ってみたい色を自由に塗ってみましょう。

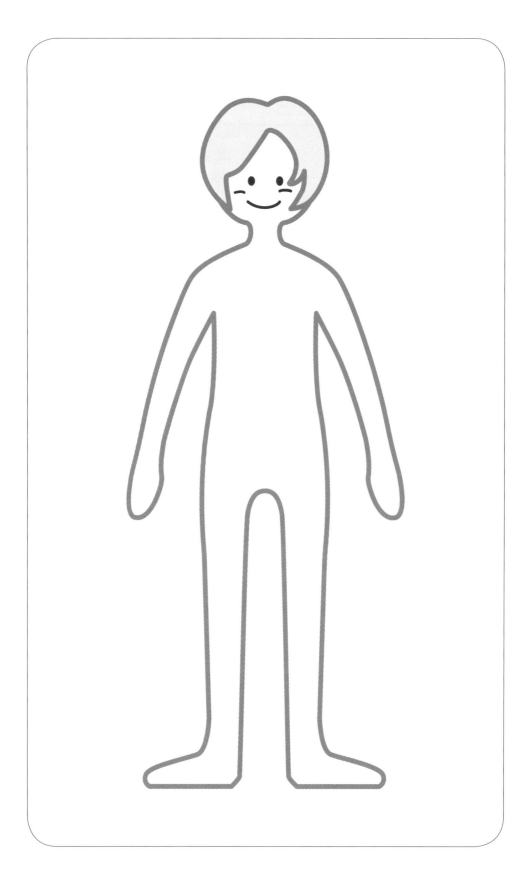

【質問】

1　自分で塗った絵を見て、全体の様子（明るい・暗い・美しい・汚いなど）を感じてください。どんな感じですか？

（　　　　　　　　　　　　　　　　　　　　　　　　　　　　　　　）

2　塗られた色を「私の色事典」を参考にして分析します。「私の色事典」を見て、使われた色の意味を考えましょう。下記から使われている色に○をつけて、色の意味を記入していきます。色の濃淡や塗り方（ていねい、雑）など、色の表現方法からも今のあなたの思いや状態が確認できます。

赤	（　　　　　　　　　　　　　　　　　　　　　）
赤みの橙	（　　　　　　　　　　　　　　　　　　　　　）
黄みの橙	（　　　　　　　　　　　　　　　　　　　　　）
黄	（　　　　　　　　　　　　　　　　　　　　　）
黄緑	（　　　　　　　　　　　　　　　　　　　　　）
緑	（　　　　　　　　　　　　　　　　　　　　　）
青緑	（　　　　　　　　　　　　　　　　　　　　　）
緑みの青	（　　　　　　　　　　　　　　　　　　　　　）
青	（　　　　　　　　　　　　　　　　　　　　　）
青紫	（　　　　　　　　　　　　　　　　　　　　　）
紫	（　　　　　　　　　　　　　　　　　　　　　）
赤紫	（　　　　　　　　　　　　　　　　　　　　　）
白	（　　　　　　　　　　　　　　　　　　　　　）
灰	（　　　　　　　　　　　　　　　　　　　　　）
黒	（　　　　　　　　　　　　　　　　　　　　　）
茶	（　　　　　　　　　　　　　　　　　　　　　）
金	（　　　　　　　　　　　　　　　　　　　　　）
銀	（　　　　　　　　　　　　　　　　　　　　　）
ピンク	（　　　　　　　　　　　　　　　　　　　　　）
その他	（　　　　　　　　　　　　　　　　　　　　　）

未来を変えるワーク「どんな自分になりたいか」

〔　　年　　月　　日〕

　実践ワーク15では、現在のあなたを色で表現しました。塗られた色で自分を分析してみて、何を感じましたか？　これからは、どんな自分になりたいと思いましたか？　もちろん、今のままが幸せ！と思う方もいるでしょう。

　でも、そういう方も一度、未来の自分を色で表現してみましょう！

①実践ワーク15で塗られた色を見て、使用していない色、使用しすぎている色を書き出します。

　・使用していない色　　（　　　　　　　　　　　　　　　　　　　）
　・使用しすぎている色　（　　　　　　　　　　　　　　　　　　　）

②実践ワーク15の塗り絵の自分はどんな状態だと思いますか？
　　例：　消極的なイメージがあった、など
　　（　　　　　　　　　　　　　　　　　　　　　　　　　　　　）

③②の状態を感じて、未来はどんな自分でありたいと思いましたか？
　　例：　積極的に何でも挑戦でしていけるようになりたい、など
　　（　　　　　　　　　　　　　　　　　　　　　　　　　　　　）

【解説】

　使用していない色は、あなたに不足しているエネルギーの色の場合があります。それは、こうなりたいと思う未来のあなたに必要な色のエネルギーかもしれません。色事典から意味を考えてみましょう。

　逆に、使用しすぎている色は調整が必要な部分かもしれませんので、これも色事典から意味を確認しながら考えてみましょう。

　②と③に答えることで、あなたが未来にどんな自分になりたいと思っているのかがわかるでしょう。

　未来の自分を創造するワークでは、気がついていない自分の願望が表現されていることがあります。また、描いたものから自分らしさが見えてくることもあります。

　ワーク15と16を比較することで、新しい自分の思いを発見したり、変える必要のない大切な思いがわかったりするでしょう。

あなたの望みを知るワーク「七色クジラの冒険」

実践 WORK 17

〔　　年　　月　　日〕

あなたの本当の望みとはいったい何でしょうか？
　七色クジラの冒険物語から、あなたの潜在能力、あなたがこれから何をしたいのかを見つけます。

　次ページからのクジラの絵を自分にたとえながら、自分の好きな7種類の色を使って、空想の七色クジラを描きます。
　クジラの図柄は、「海底のクジラ」「海面を目指すクジラ」「海面に飛び出すクジラ」の3種類が用意されています。

　一番、塗ってみたい図柄を選びましょう！

①好きなクジラの図版を選びます。

②好きな画材を使って、好きなように7色を塗ります。クジラ以外の部分にも自由に塗って表現しましょう。

③塗り終えたら、クジラの7種類の色を色事典を使って分析しましょう。

海底のクジラ

海面を目指すクジラ

海面に飛び出すクジラ

第4章　こころが元気になるワーク

【解説】

　アートセラピーでは、動物や人間を描くことがありますが、人ではなく動物を描くことには意味があります。動物のイメージは、人の深い部分にある心的エネルギーと関わりがあるのです。

■「海底のクジラ」を選んだあなた

　あなたのクジラは海底にいるため、まだ光が届いていないようです。自分の姿も光がないので何色なのかわかりません。すばらしい能力にまだ気がついていないか、能力を発揮できるチャンスを待っているのかもしれませんね。
　あなたの思いとはどんな思いでしょうか？　クジラになったつもりで思いを記録しましょう。

■「海面を目指すクジラ」を選んだあなた

　海面に向かうということは、光のあるところへ向かっていることになります。
　あなたは自分の能力を発揮してみたい気持ちになっているのでしょうか？　あなたの思いとはどんな思いでしょう。クジラになったつもりで思いを記録しましょう。

■「海面に飛び出すクジラ」を選んだあなた

　海面から完全に姿を現わしているクジラです。あなたは自分の能力に気がついて、能力を使いはじめているのかもしれません。あなたは、どこでどんなふうに能力を発揮したいのでしょうか？　クジラになったつもりで思いを記録しましょう。

■七色クジラの分析

　クジラに使った7色を色事典を使って分析しましょう！　あなたの潜在能力はどんな能力だと思いますか？

1	色	（　　　　　　　　　　　　）	の能力
2	色	（　　　　　　　　　　　　）	の能力
3	色	（　　　　　　　　　　　　）	の能力
4	色	（　　　　　　　　　　　　）	の能力
5	色	（　　　　　　　　　　　　）	の能力
6	色	（　　　　　　　　　　　　）	の能力
7	色	（　　　　　　　　　　　　）	の能力

　あなたの潜在能力はわかりましたか？　すでに知っている、すでに発揮しているという方もいらっしゃるでしょう。
　あらためて七色クジラの冒険を体験してみて、何か気がついたこと、感想があれば記録しておきましょう！

おわりに

　今の自分は好きですか？　私は大好きです。今の生き方も大好きです。そんな気持ちになったのは、カラーセラピーと出会ったからです。
　それまでは、自分のことを好きだと思ったことはありませんでした。仕事をしているときも、休日も、子育てをしているときも、自分を好きだとは思えなかったのです。
　毎日、一生懸命に働いて過ごしていました。多少は生きがいを感じながら頑張ってきたつもりです。

　子育てが落ち着いて自分の時間ができるようになってから、何となく私の人生はこれでいいのだろうかという疑問を持つようになりました。
　そんなおり、仕事中に遭った交通事故のために身体が思うように動かなくなり、仕事を辞めることになりました。そのときにも感じたことは、「これでいいのか？」という疑問でした。
　自分が決断してきたことは、「本当によかったのか？」「ほかにやりたかったものはなかったのか？」と自問自答していました。
　そんなときに答えをくれたのが、塗り絵カラーセラピーでした。たった一枚の塗り絵に色を塗るだけで、不思議と自分のことが見えてきたのです。
　色を塗ることで気持ちも軽くなり、無心になって色を塗る、ただそれだけなのに、魔法の鏡のように本当の自分の姿が色を通して見えてきたのです！

　色から人の感情を感じることができ、色と人の関係に興味を持ちはじめました。40歳にして大学へ編入し、大学院へ進むきっかけも色からもらいました。
　どちらかといえばマニュアル人間の私のような者でも、色という感覚的なものを楽しんで使えるのが本当に不思議です。
　みなさんも偏見を持たずに、ぜひ色の素晴らしさを体感してみてください。
　本書が気になった方は、きっと答えが欲しいのだと思います。
　ワークで自分のすべてを知ることはできませんが、このカラーセラピーワークブックには、あなたが困ったときや迷ったときに、助けになることがたくさん詰まっています。

　本書は、セルフセラピーができるようになっていますが、プロのセラピストと一緒に体験できれば、あなたの心のもっと深い奥底にまで光を当ててくれるでしょう。
　もし興味があれば、プロのセラピーも体験してみてくださいね。きっとすばらしい発見があると思います。
　カラーセラピーで本当の自分がわかれば、心が強くなり、どんなことでも挑戦できるのです。

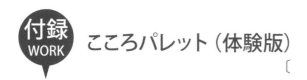 こころパレット(体験版)

〔　　年　月　日〕
商願 2018-027615

ぜひ、周りの人と一緒に体験してみてください!

次のキーワードを見て、どんな色を連想しますか?
深く考えずに、わかるものから塗ってみましょう!

好きな色と同じ色はありましたか?
好きな色と同じ色の言葉が今、あなたを輝かせてくれるものです!

著者◎**高澤 優喜子** *Takazawa Yukiko*

カラーセラピスト。認定心理士。(一社)ドローイングセラピー協会認定・ぬりえカラーセラピーインストラクター。2009年に「アトリエ　ラポール倶楽部」を開業し、多くのセラピストを育成。メディア出演多数。教育関係機関からの依頼で講演も行なっている。

◎アトリエ　ラポール倶楽部
http://www.seepa.jp/u/ark/index.html

自分でできる
カラーセラピー ワークブック
「こころパレット」で、本当のワタシが見える！人生を彩る！

本文デザイン：澤川美代子
装丁デザイン：やなかひでゆき
妖精のイラスト：角谷やすひと
編集協力：五目舎

2018年9月 5 日　初版第1刷発行
2024年9月20日　初版第2刷発行

著者
高澤優喜子

発行者
東口敏郎

発行所
株式会社BABジャパン
〒151-0073 東京都渋谷区笹塚1-30-11　4・5F
TEL 03-3469-0135　FAX 03-3469-0162
URL http://www.bab.co.jp/
E-mail　shop@bab.co.jp

郵便振替
00140-7-116767

印刷・製本
中央精版印刷株式会社

ISBN978-4-8142-0152-5 C2077

※本書は、法律に定めのある場合を除き、複製・複写できません。
※乱丁・落丁はお取り替えします。

BOOK Collection

自分の「焦点」はどこ?
フォトアートセラピー 10のPHOTO WORK

写真を撮ってアートするセラピー。それが「フォトアートセラピー」です。写真によって自分の内的世界と周りの世界に広がる外界とのコラボレーションを画像として目に見える形にしていくことにより、気づかなかった自分自身のことがわかるようになります。いろいろな自分の「好」が見つかります。さあ、カメラのファインダーをのぞいてみましょう。いつもの帰り道が驚くほど違って見えてくる10のPHOTO WORKを本書で紹介していきます。

●大橋牧子 著　●A5変形判　●144頁　●本体1,400円+税

今だから求められる、人に愛され役立つ職業
セラピストの仕事と資格

「アロマ、整体、ビューティーセラピーの基礎から就職までを完全ナビ!」　■目次: Part1　資格を取得し活躍するセラピストの仕事を大公開!／Part2　癒しの仕事を目指す前に　セラピストの仕事と資格 AtoZ／Part3　スクール・セミナー・通信講座　──　セラピストになるためのステップ／Part4　資格取得後に進む道　転職＆就職ガイド／セラピスト養成スクールガイド

●セラピスト編集部　●A4変形判　●146頁　●本体838円+税

「学べて、使える」オールジャンル・ハンドブック
セラピストの手帖

「セラピストの学校」校長プロデュース!　セラピスト、整体師、エステティシャン必携です。14名の実力派講師が各専門分野の基本を解説。セラピストを目指す入門者にも、現役のセラピストにも、すぐに役立つ情報がこの一冊で学べます。これからは「ジェネラル・セラピスト」が求められます。様々なセラピー・療法に関わる基本知識やお役立ち情報を集めたセラピストのための便利な手帖です。

●谷口晋一 著　●四六判　●200頁　●本体1,500円+税

「ソウルカラー（宿命の色）」と「テーマカラー（運命の色）」を知れば
人生はいつでもリセットできる

輪廻伝承（りんねでんしょう）─人は皆、8つの色に当てはまる!　あなたは何色? 人生が思うようにいかない人は、進むべき道(生き方、仕事など)が違うため、すぐにリセットすべきだった。過去世から受け継ぐ「宿命」を完結し、「運命」を変える!自分の「色」を知るだけで、努力なしに、すべてうまくいく!自分の「ソウルカラー(宿命の色)」「テーマカラー(運命の色)」も簡単にわかる!

●角田よしかず 著　●四六判　●256頁　●本体1,300円+税

セラピストは一生の仕事
～心づよいミカタとなるセラピスト・シェルパ30～

ズバリ、「成功セラピスト」とは、セラピーに集中できる環境に長きにわたって安定的にいられるセラピスト。そのためには、これからの10年で環境を整えることが大切です。セラピスト・シェルパ（専門支援者）となる、経営コンサルタント、店舗コンサルタント、弁護士、税理士、社会福祉士、メンテナンスコーチ...etc.をミカタにつけて、一生セラピストとして豊かに生きていきましょう!!

●谷口晋一 著　●四六判　●248頁　●本体1,400円+税

BOOK Collection

ワタシらしさが花ひらく
アートセラピーワークブック

「表現（アート）」を楽しむ「表現（アート）」で癒される　心のストレッチ&からだのリラクゼーション。一般的な「描く」だけのアートではなく、画材や自分の体を使って自由に「自己表現」するアート。それがアートセラピーです。ワークを行うことで表現することの楽しさを味わうことができ、自己発見ができるように作られた<実践的・新感覚ワークブック>。あなたの魅力を引き出すアートワークが満載です。

●柴崎千桂子 著　●A5判　●190頁　●本体1,700円+税

30人のケーススタディから学ぶ
オーラライト・カラーセラピー入門

「オーラライト」は、「オーラソーマ」と並ぶ英国発のカラーセラピーシステムです。色彩心理学に重点を置き、ロジカルな視点から構築されたカラーセラピーで、80本のハーモニーボトルから4本の気になるボトルを選び、自分の内面を見つめます。30人のカラーセラピー「オーラライト」のケーススタディがシミュレーションできる新感覚ブックです。もちろん自分でも行えます!

●草木裕子 著　●A5判　●176頁　●本体1,800円+税

本当のあなたに出会える
カラーコーディネート術

女性のオシャレ度は、ファッションや身の回りのアイテムのカラーコーディネートで決まります!誰もが目指したい素敵な女性像「色彩美神（ミューズ）」を12パターンに分け、各パターンの配色を分かりやすく解説した本書は、自分にふさわしいスタイルを探している女性にピッタリの一冊。東洋の陰陽説と西洋のパーソナルカラー論を融合した、まったく新しいカラーコーディネート本の登場です!

●眞本悦子 著　●A5判　●152頁　●本体1,400円+税

パーソナルカラーワークブック
あなたがつくる色のないカラーブック

色に関心があり、なんとなく好きな色を選ぶことはできても、仕事として他の人に分かりやすくアドバイスすることはまた別の話です。本書では、実際にカラーチップを使って、パーソナルカラーの配色法を楽しく学べます。カラーのプロになりたい人のほか、美容・ファッション系のプロでキャリアアップを目指す人にもオススメの一冊です!　500ピースカラーチップ付

●伊熊知子 著　●B5判　●52頁　●本体1,200円+税

あなたのオーラは何色?
オーラを知ることは自分を知ること

「オーラを知ることは自分を知ること」テレビや雑誌で話題のオーラに関する名著が、いま復刻します!14色のオーラカラーを自分で診断でき、それぞれのオーラカラーについて詳しく知れる（「経済的選択」「職業的選択」「社会生活」「物質的現実への対処」他）本書は、オーラを実践的に使える実用性の高い書籍です。

●バーバラ・バウアーズ 著　●四六判　●404頁　●本体2,200円+税

● MAGAZINE Collection

アロマテラピー＋カウンセリングと自然療法の専門誌

セラピスト

スキルを身につけキャリアアップを目指す方を対象とした、セラピストのための専門誌。セラピストになるための学校と資格、セラピーサロンで必要な知識・テクニック・マナー、そしてカウンセリング・テクニックも詳細に解説しています。

- ●隔月刊〈奇数月7日発売〉　●A4変形判　●164頁
- ●本体917円＋税　●年間定期購読料5,940円（税込・送料サービス）

Therapy Life.jp
セラピーのある生活

セラピーや美容に関する話題のニュースから最新技術や知識がわかる総合情報サイト

[セラピーライフ] [検索]

http://www.therapylife.jp/

業界の最新ニュースをはじめ、様々なスキルアップ、キャリアアップのためのウェブ特集、連載、動画などのコンテンツや、全国のサロン、ショップ、スクール、イベント、求人情報などがご覧いただけるポータルサイトです。

オススメ

『記事ダウンロード』…セラピスト誌のバックナンバーから厳選した人気記事を無料でご覧いただけます。
『サーチ＆ガイド』…全国のサロン、スクール、セミナー、イベント、求人などの情報掲載。
WEB『簡単診断テスト』…ココロとカラダのさまざまな診断テストを紹介します。
『LIVE、WEBセミナー』…一流講師達の、実際のライブでのセミナー情報や、WEB通信講座をご紹介。

スマホ対応　隔月刊セラピスト公式Webサイト

ソーシャルメディアとの連携
 公式twitter「therapist_bab」
 『セラピスト』facebook公式ページ

トップクラスの技術とノウハウがいつでもどこでも見放題！

THERAPY COLLEGE

セラピーNETカレッジ

WEB動画講座

www.therapynetcollege.com　　[セラピー 動画] [検索]

セラピー・ネット・カレッジ(TNCC)はセラピスト誌が運営する業界初のWEB動画サイトです。現在、150名を超える一流講師の200講座以上、500以上の動画を配信中！すべての講座を受講できる「本科コース」、各カテゴリーごとに厳選された5つの講座を受講できる「専科コース」、学びたい講座だけを視聴する「単科コース」の3つのコースから選べます。さまざまな技術やノウハウが身につく当サイトをぜひご活用ください！

パソコンでじっくり学ぶ！
 スマホで効率よく学ぶ！
 タブレットで気軽に学ぶ！

月額2,050円で見放題！　毎月新講座が登場！
一流講師180名以上の237講座を配信中！！